Armin Täubner

Ostern bei Häschen und Lämmchen

Fensterbilder aus Glanzkarton

frechverlag

Im frechverlag sind bereits zahlreiche Bücher von dem bekannten Autor Armin Täubner erschienen. Hier eine Auswahl:

TOPP 2158

TOPP 2031

TOPP 1603

TOPP 1612

TOPP 1606

TOPP 2257

Fotos: frechverlag, GmbH + Co. Druck KG, 70499 Stuttgart, Birgitt Gutermuth

Auflage: 9. 8. 7. 6. 5. | Letzte Zahlen
Jahr: 2001 2000 1999 98 97 | maßgebend

frechverlag GmbH + Co. Druck KG, 70499 Stuttgart

ISBN 3-7724-1875-9 · Best.-Nr. 1875

Druck: frechverlag GmbH + Co. Druck KG, 70499 Stuttgart

Vorwort

Große Fenster, kleine Fenster, runde Fenster, Sprossenfenster - bei der Vielfalt der Fensterformen und -größen fällt es manchmal schwer, sie zu schmücken. Wenn ein Motiv gefunden ist, das gefällt und in die jeweilige Umgebung paßt, ist es oft zu klein oder auch zu groß.

Dieses Problem gibt es nun nicht mehr: hier ist alles beliebig kombinierbar. Selbst riesige Fenster, z.B. in Kindergärten, können mit hübschen Osterszenen, die alle Hasen, Lämmer, Osterglocken, Tulpen zeigen, gestaltet werden. Und wer ein klitzekleines Dachfenster verschönern möchte, greift einfach zu ein paar Küken und bunten Eiern.

Damit die ganze Familie mithelfen kann, auch kleinere Kinder, sind die Modelle einfach gehalten, mit wenigen Einzelteilen. Der Glanzkarton mit seiner edlen Oberfläche gibt den Fenstergestaltungen eine besonders schöne Note, aber wer will, kann natürlich auch Tonkarton verwenden.

Und nun kann's losgehen - wer ist der Liebling der Kinder: Anja, Tim, Susi, Otto oder Daniel?

Schritt-für-Schritt-Anleitung

1. Übertragen Sie alle Motivteile ohne Überschneidungen auf Transparent- oder Butterbrotpapier, das Sie anschließend auf einen dünnen Karton kleben.

2. Dann werden die Teile ganz exakt mit einer Schere oder einem Cutter ausgeschnitten. So erhalten Sie Ihre Schablonen. Wenn Sie mit einem Cutter arbeiten, müssen Sie eine Schneideunterlage verwenden.

3. Legen Sie die Schablonen auf den Glanzkarton der gewünschten Farbe. Die Umrisse werden sorgfältig mit einem feinen Allesschreiber nachgezogen, dann schneiden Sie die einzelnen Teile aus.

4. Zum Schluß stellen Sie Ihr Motiv zusammen - die Vorlage und das Foto geben Ihnen Positionshilfen. Als Klebstoff eignet sich für Glanzkarton nur ein Klebestift (z. B. UHU-Stic).

5. Und schon können die Hasen an Ihrem Fenster springen.

Tip:

Die Gestaltungen mit Glanzkarton sind ganz besonders schön, aber Tonkarton kann natürlich auch verwendet werden.
Die Augen der Tiere bestehen aus einem aufgeklebten Locherpunkt. Zur Vereinfachung können Sie auch mit Filzstift aufgemalt werden.

Tip:

Die Blüten der Tulpen und Osterglocken können auf den jeweiligen Grundmodellen beliebig variiert und ergänzt werden.

Tip:

Um noch mehr Variationsmöglichkeiten zu erhalten, können Sie die Tiere auch seitenverkehrt verwenden. Dazu drehen Sie die ausgeschnittene Schablone einfach um und übertragen das Motiv seitenverkehrt auf den Karton.

Wir kommen auch!

(Abbildung Titelseite)

Hase: Marina

Schaf: Tom

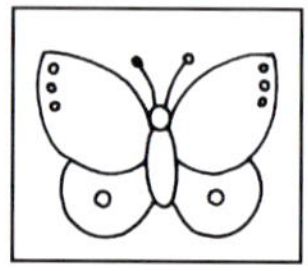

Schmetterling: 2x

Grünfläche:
Nr.2

Eier: 3x

Tulpen: Nr. 1 und Nr. 2

Auf dem Weg zur Osterversammlung

(Abbildung Umschlagrückseite)

Hase: Susi

Schaf: Anja

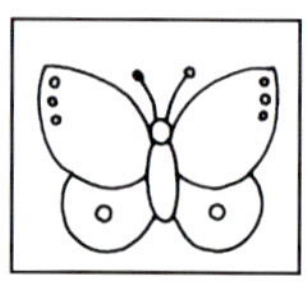

Schmetterling: 2x

Baumpaar

Küken: 6x

Grünfläche:
Nr.1 und Nr.3

Osterglocke:
Nr. 1

Eier: 2x
Eierschalen: 2x
Schubkarre: 1x

Jan's Kükentransport

Hase: Jan

Küken: 3x

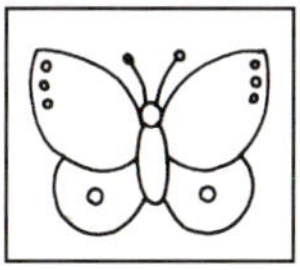

Schmetterling: 1x

Sonstiges

Schubkarre: 1x
Eier: 3x

Grünfläche: 2a

Ostern bei Tim und Hansi

Linkes Fenster:

Hase: Tim

Blumen:
Osterglocken:
Nr. 2
Tulpen: Nr. 2

Sonstiges

Eier: 3x
Bodenfläche:
1x

Rechtes Fenster

Schaf: Hansi

Küken: 1x

Sonstiges

Eier: 2x,
Eierschalen: 2x
Die Bodenfläche
der Fenstergröße
anpassen

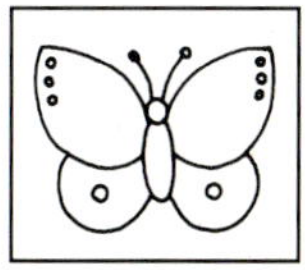

Schmetterling:
1x

Tulpen:
Nr. 2 und Nr. 3

Hab' mein' Wagen voll geladen

Schaf: Hansi

Küken: 1x

Sonstiges

Eier: 3x
Schubkarre: 1x
Eierschale: 2x

Grünfläche:
Nr. 3 und Nr. 2a

Wer hat es zuerst gefunden?

Hase: Susi

Schaf: Hansi

Baum: 1x

Küken: 1x

Grünfläche: Nr.1

Schmetterling: 2x

Sonstiges

Eier: 4x

Zum Fußballspielen nicht geeig

et!

Schaf: Hansi

Osterglocke: Nr. 2
Tulpe: Nr. 1

Sonstiges

Eier: 4x

Grünfläche:
Nr. 1

Küken: 1x

Laß mich auch mal nach oben!

Hase: Jan

Baum : 1x

Schaf: Anja

Eier: 2x

Küken: 1x

Grünfläche: Nr. 1

Freunde

Hase: Tim, Otto

Schaf: Julia

Grünfläche:
Nr. 1

Osterglocken:
Nr. 1 und Nr. 2

Gut festhalten!

Hase: Tim, Otto

Schaf: Daniel

Grünfläche: Nr. 1

Ein ruhiges Plätzchen

Schaf: Julia

Baum: 1x

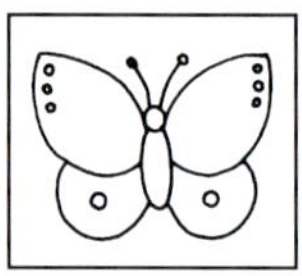

Schmetterling: 2x

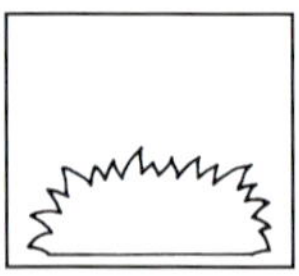

Grünfläche:
Nr. 1

Tulpen: Nr. 2, 1x
Nr. 1, 2x

Hallo, ich heiße Marina und ihr?

Hase:
Tim, Marina

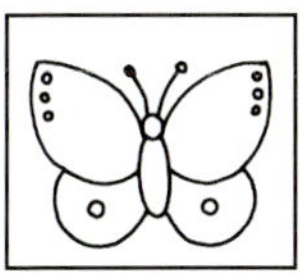

Schmetterling:
2x

Sonstiges

Eier: 2x

Grünfläche: Nr. 1

Hast du schon gehört?

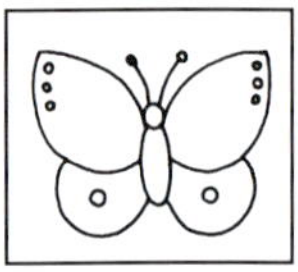

Schmetterling: 2x

Hase: Susi

Schaf:
Julia, Hansi

Baumpaar

Grünfläche: Nr. 1

et!

Eierweitsprung

Hase: Marina

Sonstiges

Eier: 5x

Grünfläche: Nr. 1

Osterglocken: Nr. 2
Tulpen: Nr. 2

Schau mal dort!

Schaf:
Anja, Julia

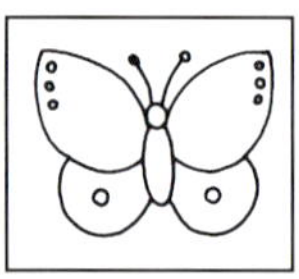

Schmetterling:
2x

Osterglocken:
Nr. 1, Nr. 2
Tulpen: Nr. 1

Grünfläche: Nr. 1

Fehlstart!

Hase: Marina 2x
Jan 1x

Schaf: Nadja

Baumpaar

Grünfläche: Nr. 1

Der ist neu hier

Hase:
Susi, Marina

Schaf: Anja

Schmetterling:
1x

Grünfläche: Nr. 2

Aus dem Weg!

Hase: Marina

Küken: 2x

Sonstiges

Eier: 2x
Schalen: 2x

Grünfläche:
Nr. 2

Tulpen:
Nr. 1, Nr. 2, Nr. 3

Netter Besuch

Schaf: Anja

Tulpen:
Nr. 1, 3x

Küken: 3x

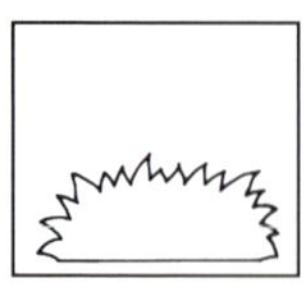

Grünfläche:
Nr. 2a

Das sind Osterglocken!

	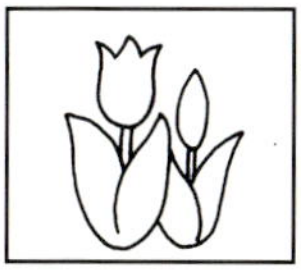	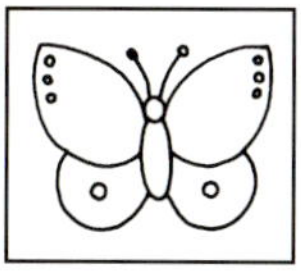	
Schaf: Julia, Schafmama	Osterglocken: Nr. 2	Schmetterling: 1x	Grünfläche: Nr. 1

Schneller!

Hase:
Tim, Marina

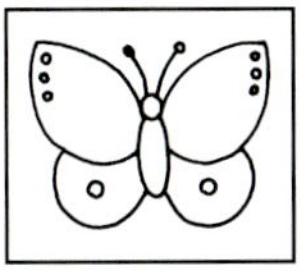

Schmetterling:
1x

Schubkarre: 1x

Grünfläche:
Nr. 1, Nr. 3

Osterglocken:
Nr. 1, Nr. 2

Sprungübungen

Hase:
Marina, Tim

Osterglocken:
Nr. 2,
Tulpen: Nr. 2

Schmetterling:
2x

Grünfläche:
Nr. 2

Sei bloß vorsichtig!

Hase: Susi

Schaf: Hansi

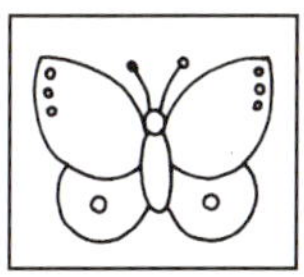

Schmetterling: 2x

Grünfläche:
Nr.1

Sonstiges

Eier: 4x

Osterglocken: Nr. 2
Tulpen: Nr. 1, Nr. 2

Zwei und eins macht drei!

Schaf: Hansi

Eier: 3x

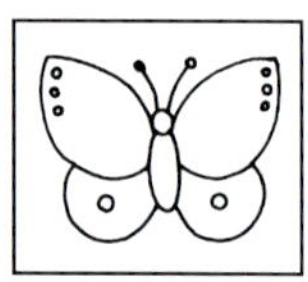

Schmetterling: 1x

Grünfläche:
Nr.2

Osterglocken:
Nr. 2